GERENCIAMENTO

DE TEMPO

6 Passos Fáceis Para Aumentar Sua Produtividade
Ao Máximo Em 24 Horas

(Como Permanecer Produtivo E Motivado O
Tempo Todo)

Cody Cox

Traduzido por Daniel Heath

Cody Cox

*Gerenciamento De Tempo: 6 Passos Fáceis Para Aumentar
Sua Produtividade Ao Máximo Em 24 Horas (Como
Permanecer Produtivo E Motivado O Tempo Todo)*

ISBN 978-1-989837-99-3

Termos e Condições

De modo nenhum é permitido reproduzir, duplicar ou até mesmo transmitir qualquer parte deste documento em meios eletrônicos ou impressos. A gravação desta publicação é estritamente proibida e qualquer armazenamento deste documento não é permitido, a menos que haja permissão por escrito do editor. Todos os direitos são reservados.

As informações fornecidas neste documento são declaradas verdadeiras e consistentes, na medida em que qualquer responsabilidade, em termos de desatenção ou de outra forma, por qualquer uso ou abuso de quaisquer políticas, processos ou instruções contidas, é de responsabilidade exclusiva e pessoal do leitor destinatário. Sob nenhuma circunstância qualquer, responsabilidade legal ou culpa será imposta ao editor por qualquer reparação, dano ou perda monetária devida às informações aqui contidas, direta ou indiretamente. Os respectivos autores são proprietários de todos os direitos autorais não detidos pelo editor.

Aviso Legal:

Este livro é protegido por direitos autorais. Ele é designado exclusivamente para uso pessoal. Você não pode alterar, distribuir, vender, usar, citar ou parafrasear qualquer parte ou o conteúdo deste ebook sem o consentimento do autor ou proprietário dos direitos autorais. Ações legais poderão ser tomadas caso isso seja violado.

Termos de Responsabilidade:

Observe também que as informações contidas neste documento são apenas para fins educacionais e de entretenimento. Todo esforço foi feito para fornecer informações completas precisas, atualizadas e confiáveis. Nenhuma garantia de qualquer tipo é expressa ou mesmo implícita. Os leitores reconhecem que o autor não está envolvido na prestação de aconselhamento jurídico, financeiro, médico ou profissional.

Ao ler este documento, o leitor concorda que sob nenhuma circunstância somos responsáveis por quaisquer perdas, diretas ou indiretas, que venham a ocorrer como resultado do uso de informações contidas neste documento, incluindo, mas não limitado a, erros, omissões, ou imprecisões.

Índice

Parte 1 1

Introdução 2

GERENCIAMENTO DE TEMPO 101 5
ENTENDENDO EFETIVAMENTE O GERENCIAMENTO DE TEMPO 7

Passo 1: Estabelecer Metas 9

ESPECIFICIDADE 9
MENSURÁVEL 10
ATINGÍVEL 10
REALISTIC 11
OPORTUNO 11

Escrever E Visualizar Seus Objetivos 12

Desmembrar Seus Objetivos Em Pequenos Pedaços 13

COMO VOCÊ DIVIDE METAS? 14

Passo 2: Mestre Na Arte De Priorizar 17

CRIAR LISTAS DE TAREFAS 17
COMO CRIAR LISTAS DE TAREFAS QUE FUNCIONEM 19
COMO PRIORIZAR SEU TRABALHO 22
PASSO 3: AGENDAR APROPRIADAMENTE O SEU TEMPO 24
COMO PROGRAMAR SEU TEMPO 26

Passo 4: Seja Organizado 29

Passo 5: Acabe Com A Procrastinação 33

COMO PARAR DE FAZER MUITAS TAREFAS AO MESMO TEMPO 39
FERRAMENTAS PARA GERENCIAMENTO DE TEMPO 41

Conclusão 44

Parte 2 45

Introdução 46

Capítulo 1: As Maravilhas Do Gerenciamento De Tempo .. 50

REDUZ O STRESS 50

PERMITE VOCÊ FAZER MAIS 50

REDUZ REVISÕES E RETRABALHOS 51

VOCÊ TERÁ MENOS TEMPO PERDIDO.. 51

TE AJUDA A ALCANÇAR OS SEUS OBJETIVOS 51

TE AJUDA A SE SENTIR MAIS FELIZ E SAUDÁVEL........................... 52

TE TORNARÁ MAIS FLEXÍVEL E ESPONTÂNEO 52

EVITA PROBLEMAS... 52

FORTALECE O SEU CARÁCTER 53

ELEVA A SUA MORAL E AUTOCONFIANÇA.................................... 53

AUMENTA A SUA ENERGIA.. 53

TORNA A SUA VIDA MAIS FÁCIL... 54

Capítulo 2: Defina Seus Objetivos 55

Capítulo 3: Pare De Procrastinar 60

Capítulo 4: Planeje Sua Semana 66

REVISE SUAS METAS DE VIDA... 66

LISTE TODAS AS TAREFAS QUE VOCÊ PRECISA FAZER DURANTE A

SEMANA.. 66

PRIORIZE SUAS TAREFAS UTILIZANDO O QUADRANTE DE

GERENCIAMENTO DE TEMPO.. 67

CRIANDO A SUA LISTA DIÁRIA DE TAREFAS 70

Capítulo 5: Crie Uma Rotina Matinal Sólida 74

Capítulo 6: 100 Dicas De Gerenciamento De Tempo 78

Conclusão 91

Parte 1

1

Introdução

Quero lhe agradecer e parabenizar por ter adquirido esse livro.

Você está ciente que procrastinação e interrupções, são as causas número 1 de desperdício de tempo e falta de produtividade? Você ficará chocado em saber que 20% dos americanos são procrastinadores crônicos. Além disso, uma pessoa comum sofre uma interrupção a cada 8 minutos, que se tornam 7 em uma hora ou 50 a 60 interrupções por dia. Cada interrupção dura em média 5 minutos, o que totaliza 4 horas de interrupções diárias. Você tem ideia de quanto tempo extra você teria em suas mãos se pudesse administrar procrastinação e interrupções?

Esse livro contém passos e estratégias comprovadas em como maximizar seu tempo e se tornar mais produtivo em sua vida. A intenção desse livro é ajudar qualquer pessoa que tenha o desejo de conquistar mais de suas tarefas otimizando seu tempo.

Nesse livro, você aprenderá práticas de qualidade que te ajudarão a administrar a procrastinação, lidar com distrações, priorizar tarefas, cronogramas a cumprir, aumentar sua performance no trabalho, e mais.

Obrigado novamente pelo download desse livro. Que ele possa lhe alavancar e beneficiar!

Tempo é dinheiro. Infelizmente, muito poucos de nós entende a magnitude dessa frase. Mais infeliz ainda é que muitos pais não ensinam, enquanto seus filhos crescem, a importância do tempo e de como utilizá-lo.

De fato, quando crianças, não prestamos atenção na passagem do tempo; em nossa urgência para que nos tornemos adultos, desejamos que o tempo passe mais rápido, que os aniversários e férias cheguem logo, para que ganhemos os presentes que essas festividades nos trazem.

Infelizmente, para maioria de nós, quando nos tornamos adultos, o conceito de tempo, em sua natureza fugaz, nos faz cair sobre uma cama de urtigas espinhosas que nos esfaqueiam e sufocam. Quando crianças, mesmo em nossa juventude, nós ansiamos para que os dias passem rápido; nós adiamos nossas tarefas para "amanhã"; e como crianças, procrastinamos e deixamos que a distração nos impeça de sermos produtivos, enquanto nos comprometemos com nosso trabalho e estudos. Entretanto, **ISSO NÃO DEVERIA SER ASSIM.**

Como toda pessoa de sucesso lhe contaria, o sucesso é, em sua essência, uma coisa: sua habilidade de se auto gerenciar (auto disciplina) e de seu tempo (gerenciamento de tempo). Se você consegue controlar seus impulsos, ou seja, consegue fazer o que deve ser feito, no momento em que deve ser feito, sem dar nenhuma desculpa ou procrastinar (adiando uma tarefa para próxima hora, dia, semana ou mês), você automaticamente se tornará um melhor administrador de tempo. Quando você se torna um melhor administrador do seu tempo, você automaticamente se torna mais produtivo; isso por sua vez, o faz mais feliz e bem-sucedido.

Ser produtivo, feliz e bem-sucedido, soa como algo a que você gostaria de dar as boas-vindas em sua vida? Se sim, vamos avançar para o primeiro capítulo, o básico do gerenciamento de tempo.

Gerenciamento de tempo 101

Você tem tempo suficiente!

Para a maioria, a reclamação mais comum é a "falta" de tempo suficiente em seu dia; entretanto, o fato é que 24 horas são mais que suficientes para completar as mais importantes tarefas; entretanto, para completar essas tarefas você deve priorizar suas tarefas/ocupações, ponderar suas atividades, e administrar o seu tempo.

Se você realmente quer, já que você está lendo isso, você o fará. Seu dia tem tempo suficiente para acomodar importantes tarefas e ocupações, assim como tempo suficiente para sua família e pessoas que você valoriza.

Infelizmente (bom... depende de como você encara isso), efetivamente, gerenciamento de tempo não acontece em um passe de mágicas; ninguém tem, desde o nascimento, essa habilidade especial melhor que a de outros. Gerenciar tempo, é uma habilidade que você tem que aprender e dominar. **Dominar é preciso!**

Se tornar um administrador de tempo efetivo, requer tempo, comprometimento e esforço. O bom em relação a isso, é que quando você se torna um melhor gerenciador de seu tempo, você se torna mais produtivo, mais bem-sucedido e mais feliz, porque quando você consegue administrar seu tempo, e o que você faz com ele, você tem mais tempo para dedicar a seus objetivos e atingí-los, além de ter mais tempo para passar com as pessoas a quem você valoriza.

Entendendo Efetivamente o Gerenciamento de tempo

Primeiro, você deve entender que é impossível controlar o tempo. Sim, você não pode controlá-lo porque seu dia tem 24 horas. Isso é um fato imutável.

Embora você não consiga controlar o tempo, você pode controlar seu uso, adquirindo habilidades e técnicas essenciais que o ajudam a fazer um uso sensato do seu tempo disponível diariamente. Para isso, a primeira coisa que você deve fazer, é saber quem você é e aonde você está indo. Para fazer isso, pergunte a si mesmo s seguintes questões:

1- Porque eu preciso me tornar um melhor gerenciador do meu tempo?

2- Quais as minhas prioridades em relação ao gerenciamento de tempo?

3- Em qual período do dia sou mais produtivo e tenho mais energia?

4- Quais meus objetivos e ambições e com quais passos, tarefas e atividades preciso me comprometer e completar para atingir essas metas e efetivar minhas ambições?

Entender esses fatores cruciais, levará sua jornada em direção ao melhor gerenciamento de tempo mais facilmente e irá motivá-lo a se tornar aquilo que deseja: um melhor gerenciador de seu tempo.

Como Friedrich Nietzsche disse: "Aquele que tem um propósito para viver, pode suportar tudo. " Quando você tem um forte desejo de atingir um objetivo, você fará de tudo para alcançá-lo.

Após determinar seus objetivos e ter certeza de que eles são fortes, o próximo passo é planejar seu tempo e suas tarefas acerca do tempo que você dispõe e aquilo que você almeja alcançar. Para fazer isso, você primeiro precisa determinar seu alvo. Para isso, você primeiro precisa estabelecer metas, e não qualquer meta; criar metas que realmente te façam querer as coisas concluídas em um prazo limite.

PASSO 1: ESTABELECER METAS

Um fator crucial que o faz se tornar um melhor gerenciador de seu tempo, é ter metas claras e ambições. Você deve definir metas claras e alcançáveis e acessíveis. Se você falhar nisso, você estará se lançando ao fracasso.

Suas metas devem ser INTELIGENTES. Objetivos inteligentes, tem os seguintes parâmetros:

Especificidade

Você tem que ser capaz de descrever seus objetivos o mais claramente possível. Não diga: " Quero ser um bilionário nos próximos cinco anos. Em vez disso, diga: " Quero ganhar/poupar X quantia de dinheiro todo mês pelos próximos dez anos, para que eu me torne um bilionário em dez anos.

Para estabelecer metas específicas, faça a si mesmo as seguintes questões:

1 - O que exatamente eu quero atingir?

2 - Aonde, quando e como conseguirei isso?

3 - Com a ajuda de quem conseguirei atingir isso ou do que eu preciso?

4 – Quais são as condições e limitações para atender essas metas?

5 – Há alternativas viáveis, caso não consiga alcançar um objetivo em específico?

Mensurável

Você deve ser capaz de identificar quando seu objetivo for alcançado; para isso, você deve fracionar objetivos a longo prazo em elementos mensuráveis. Você deve ser capaz de medir seu desempenho em porcentagem. Por exemplo, você deve saber quando completou 20%, 50% ou 100% dos seus objetivos. Dessa forma, será mais fácil atingir seus objetivos.

Atingível

Você deve entender todos os recursos que serão necessários a você para alcançar seus objetivos e verificar se é fácil obter esses recursos. Essa é a diferença entre fazer desejos e definir objetivos. Seus objetivos devem ser sensatos e atingíveis; caso contrário, você acabará ficando frustrado.

Realistic

Não se contente apenas em estabelecer metas porque é isso que os outros estão fazendo. Não estabeleça metas porque você quer agradar outras pessoas. Estabeleça metas porque isso o faz feliz e realizado. Permita que seus objetivos sejam a seu respeito e a respeito de mais ninguém.

Oportuno

Estabeleça um prazo limite para atingir seus objetivos. Prazos limites o impulsionam a alcançá-los.Quando você sente que tem tempo suficiente, você se torna mais suscetível a não agir, entretanto, quando você sabe que você não tem tempo de sobra, ou você tem um tempo limite para fazer ou concluir algo, você ficará mais inspirado a agir e tomar medidas voltadas para alcançar seus objetivos diários.

Quando você estabelecer um tempo limite, seja cuidadoso ao fazê-lo. Certifique-se de que o tempo estabelecido não é muito longo, a ponto de você arrastar seu trabalho apenas para manter-se dentro do tempo estabelecido. Sempre se lembre da Lei de Parkinson "O trabalho expande-se de modo a preencher o tempo disponível para sua realização", assim como " O trabalho se contrai para caber no tempo que é dado a ele". Assim sendo, é melhor definir um limite de tempo mais curto, porque, se houver necessidade, você poderá estender o tempo, ao invés de definir um prazo longo, porque você sempre tentará manter-seno prazo em vez de concluí-lo mais cedo.

Uma vez que você tiver uma ideia de objetivos a serem atingidos, você deve:

Escrever e visualizar seus objetivos

Quando estabelecidas as metas uma coisa que definirá a diferença entre seus objetivos e meros desejos é escrever suas metas e visualizá-las diariamente.

Você pode usar um diário ou um aplicativo para escrever suas metas. Segmente seus objetivos a longo, médio e curto prazo, e crie um esboço de como você irá trabalhar nesses prazos. Quais você trabalhará essa semana, na próxima semana, próximo mês ou em dez anos?

Visualizar suas metas todos os dias também o ajudará pois mantém seus objetivos em foco. Use sua mente para imaginar-se conquistando esses objetivos. Se seu objetivo é comprar uma casa no próximo ano, imagine-se vivendo na casa de seus sonhos. Fazer essa visualização não apenas o motiva a agir e fazer algo agora, ao invés de procrastinar, como também o ajuda a construir uma atitude positiva que o faz atingir seus objetivos mais facilmente.

Desmembrar seus objetivos em pequenos pedaços

Algumas vezes, objetivos podem ser bem intimidadores, especialmente quando eles parecem ser tão grandes. Se seus objetivos parecem ser monumentais, desmembre-os em pequenos pedaços, para que pareçam menos intimidadores. Quebrar suas metas significa quebrar cada meta em um pequeno pedaço atingível. Isso te ajuda a compreender que pequenas tarefas se transformam em um objetivo maior. Além disso, temos a tendência de procrastinar quando vemos algo muito grande para ser atingido; consequentemente acabamos desperdiçando tempo. Entretanto, quando você desmembra os objetivos, as coisas parecem mais simples de serem feitas e portanto você as faz.

Acredito que a citação de LaoTzu lhe seja familiar: " Uma jornada de mil milhas começa com um passo." Quando você desmembra objetivos maiores em objetivos administráveis, você adquire uma perspectiva de tempo que permite dar a seus pequenos objetivos um prazo atingível. Desmembrar objetivos também permite que você crie metas realistas.

Como você divide metas?

Para criar pequenos objetivos, primeiro, comece do maior/médio objetivo. Por exemplo, comprar uma casa é objetivo a longo prazo. Pergunte a si mesmo, o que você precisa conquistar para estar em uma posição onde a compra de uma casa seja apenas uma questão de escolha do tipo de casa e depois apenas pagar por ela? Você pode descobrir que talvez precisará de um novo emprego, ou começar a economizar uma quantidade de dinheiro específica todo mês. Esses são objetivos menores voltados a ajudá-lo a alcançar um objetivo de longo prazo.

Se o seu objetivo a médio prazo é abrir um negócio, pergunte a si mesmo quais coisas devem estar em seu devido lugar antes de começar seu negócio. Você tem que economizar dinheiro, deixar seu emprego atual, desenvolver um produto ou serviço, e então, buscar clientes.

Todos esses são pequenos objetivos. Você pode desmembrar pequenos objetivos em mini-objetivos. Por exemplo, se você precisa buscar clientes para seu negócio, como você irá encontrá-los? Como você irá atingí-los? Como você irá se comunicar com eles?

Se seu objetivo é encontrar um novo emprego, você pode criar metas acerca dessas atividades para se empenhar em encontrar um novo emprego. Por exemplo:

1- Reescreva seu currículo.

2- Deixe seu currículo em agências de emprego.

3- Pesquise vagas de emprego em sites específicos.

4- Peça ajuda a família e amigos.

Após seguir esse processo, crie uma lista de fácil entendimento de todos esses objetivos e de tarefas que você precisa realizar para alcançá-los. Dê a cada tarefa um prazo inalterável.

Dividir suas metas o ajuda a construir convicção. Se seu objetivo é escalar o Monte Everest, olhar a montanha de longe será assustador e parecerá difícil de ser realizado, e é provável que você nunca o faça. Entretanto, se você dividir esse objetivo em pequenas etapas, por exemplo dizer: " Vou escalar 6,2 milhas todos os dias" as etapas se tornarão pequenas e mais fáceis de serem alcançadas e isso o impulsionará a entrar em ação para que as coisas sejam feitas e não mais procrastinadas.

PASSO 2: Mestre na arte de priorizar

Após dividir seus objetivos em "pedaços mastigáveis", vai parecer que você tem muita coisa para fazer e não tem tempo suficiente. Quando você acrescenta isso a sua rotina diária, irá certamente parecer que você não tem tempo suficiente para trabalhar em direção a seus objetivos.

Neste ponto, você se sentirá sobrecarregado e desmotivado, você começará então a perder o prazo que você meticulosamente estabeleceu. Isso acontece quando você não deixa de priorizar seus objetivos. Priorizar seus objetivos é a única coisa que o faz um melhor gerenciador de tempo e mais produtivo.

Para priorizar seus objetivos você precisa:

CRIAR LISTAS DE TAREFAS

Para se tornar um melhor gerenciador de tempo você precisa criar listas de tarefas. Existem quatro tipos de listas de tarefas:

Lista principal

Essa é a lista principal, ela contém todos os objetivos que você pretende atingir em um futuro próximo. Esse futuro próximo pode ser os cinco, dez, vinte anos, ou até mesmo até o resto de sua vida. Você pode chamá-los de objetivos de vida. Essa lista também dividirá as metas de suas vidas em metas anuais. Você pode revisar essa lista todo ano.

Lista mensal

Sua lista mensal contém todas as tarefas que você precisa completar em um mês. Pode consistir em itens de sua lista principal, assim como outras tarefas que você precisa cumprir mensalmente.

Lista semanal

Essa lista é uma criação semanal; contém todas as tarefas que você precisa completar toda semana.

Lista diária

Sua lista de tarefas diárias é algo que você pode criar todos os dias; contém tarefas que você precisa completar todos os dias.

A fim de fazer os itens de suas listas diárias, você precisa aprender como de fato criar listas que funcionem. Vamos ver como fazer isso:

Como criar listas de tarefas que funcionem

A maioria das pessoas criam listas que terminam em latas de lixo e em um completo desperdício de tempo. Isso acontece porque a maioria das listas de tarefas não têm uma modalidade de trabalho maleável.

Listas de tarefas são umas das mais importantes ferramentas do gerenciamento de tempo. Para aprender a gerenciar seu tempo mais efetivamente, você deve aprender a como criar listas de tarefas que funcionem efetivamente.

Abaixo estão os passos que você precisa seguir para criar uma lista de tarefas:

1- **Decida pelo meio a ser usado.** Você pode escrever a sua lista de tarefas no papel, mas as inovações digitais tornaram possível que você crie lista de tarefas em meios digitais como smartphones, computadores, tablets e outros dispositivos.

Alguns desses dispositivos vêm até com alarmes que notificam o que você precisa fazer e quando.

A maioria desses aplicativos também vêm com funções de agendamento e gerenciamento de tempo. **Você pode fazer o download da maioria deles online.**

2- **Criar uma lista principal.** Criar uma lista principal de todas as tarefas que precisam ser cumpridas diariamente; desde tomar banhos pela manhã, até se certificar que você trancou todas as portas de sua casa antes de se deitar, tudo.

3- **Decida** quais dessas tarefas são delegáveis, você não precisa fazer tudo sozinho.

4- **Separe** o restante da lista em duas categorias, uma categoria de tarefas que você precisa cumprir no trabalho e outra para tarefas que você precisa cumprir em casa. Isso te impede de dividir a atenção de quando você está no trabalho, se concentrar em cumprir apenas as tarefas do trabalho e que o mesmo aconteça em relação as tarefas de casa.

5- **Estime** o tempo necessário para cumprir cada tarefa. Nesta fase você deve ser bem realista; não estipule o tempo de 1 hora para uma tarefa que pode ser cumprida em meia hora com pretexto de "ter um tempo de segurança".

6- **Dê** a si mesmo um tempo de 10 a 15 minutos entre as tarefas. Isso servirá como um tempo de transição e o ajudará a relaxar antes de mudar para outra atividade. Isso também o ajudará a arranjar tempo extra para atividades que você não conseguiu cumprir no tempo estipulado.

7- **Coloque** a lista em um local visivelmente estratégico. Se estiver escrito a mão, você pode pendurar em algum lugar. Se estiver em seu celular, computador ou outro dispositivo digital, você pode programar notificações ou alarmes.

8- **Risque** itens de sua lista conforme você os for cumprindo. Isso por si só já serve como uma boa fonte de motivação.

Quanto mais itens você risca de sua lista, mais itens você quer riscar, o que o torna mais motivado.

É geralmente aconselhável compartilhar sua lista de tarefas diárias. Contar para alguém de sua confiança sobre sua lista de tarefas irá ajudá-lo a manter o foco, pois a pessoa acompanhará quando você cumpriu um item e quando não cumpriu.

Recompensar a si mesmo quando você completar com sucesso todos os itens de suas tarefas diárias o motivará a trabalhar com mais afinco.

COMO PRIORIZAR SEU TRABALHO

O que acontece quando você se encontra no meio de uma tarefa que havia sido planejada e seu assistente chega com outra emergência que requer sua atenção em caráter de urgência?

É difícil saber como priorizar tarefas especialmente quando você precisa lidar com várias tarefas igualmente urgentes. Mesmo assim, você deve aprender a priorizá-las efetivamente para você melhor gerenciar seu tempo.

Para aprender a arte da priorização, inteligentemente escolha entre as atividades. Para isso, separe suas tarefas em quatro categorias:

1 - Alto impacto, esforço baixo

2- Alto impacto, esforço alto

3- Baixo impacto, esforço baixo

4 - Baixo impacto, esforço alto

Resolva projetos de alto impacto e baixo esforço antes. Essas tarefas irão lhe trazer mais resultados com menos esforços. Depois, passe aos projetos de alto impacto e esforço alto. Embora esses projetos consumam tempo, eles continuam lhe garantindo grandes retornos pelo seu esforço.

A próxima categoria a ser atingida são as de baixo impacto e baixo esforço. Você não precisar lidar com isso sozinho, delegue. Se isso não for possível, as cumpra após cumprir os projetos de alto impacto e baixo esforço e os projetos de alto impacto e alto esforço.

O último conjunto de projetos que você deve gastar seu tempo, são os de baixo impacto e altos esforços. Você deve tentar evitar esses projetos pois desperdiçam tempo. Eles te dão pouco retorno e consomem boa parte do seu tempo. Você deve também tentar delegá-los ou fazê-los depois que terminar todas as suas outras tarefas e tiver um pouco de tempo sobrando.

Lembre-se que depende de você reconhecer qual projeto tem mais ou menos impacto e qual requer mais ou menos esforço.

PASSO 3: Agendar apropriadamente o seu tempo

Você frequentemente retorna do trabalho se sentindo como se você não tivesse realizado nada durante seu dia? Se você se identifica, isso normalmente acontece com quem falha em esquematizar apropriadamente seu tempo.

Como várias vezes citado nesse guia, todos os dias têm 24 horas e não há nada que se possa fazer a respeito disso. A única coisa que você pode fazer é aprender como trabalhar com o que você tem e a usar seu tempo efetivamente. Um cronograma apropriado é essencial, já que organizar seu tempo é essencial para ajudá-lo a atingir seus objetivos dentro de seus prazos estabelecidos.

Programar suas tarefas lhe oferece uma imagem mais clara do que você pode conquistar e o ajuda a organizar melhor o seu tempo mais efetivamente para que você possa separar mais tempo para tarefas mais importantes. Fazer cronogramas também permite que você atribua tempo extra a tarefas inesperadas, além de evitar ter muito mais trabalho/ tarefas do que você pode lidar.

Com isso, você é capaz de equilibrar seu trabalho e sua vida pessoal. Você ganha um conhecimento valioso que o ajudará a trabalhar efetivamente com seus projetos profissionais e pessoais, enquanto terá tempo suficiente para usar com seus amigos, sua família, seus hobbies e todas as outras coisas com as quais você gosta de ocupar seu tempo.

Como programar seu tempo

Para programar seu tempo, primeiro separe tempo para montar um cronograma. Isso pode ser feito no início de cada mês ou semana.

Depois, pegue um papel e caneta, ou se você tiver acesso, a um planejador semanal. O Google possui um muito interessante que você pode utilizar, o Google Calendar. Você também pode usar o Microsoft Outlook ou outros aplicativos extravagantes; tudo depende do seu orçamento e gosto pessoal. Entretanto, tenha certeza de que você pode facilmente editar dados e checar um bom período de tempo (semana, mês ou dia). Se você precisar criar um cronograma detalhado com rodapés e tudo mais, escolha uma ferramenta que lhe permita fazer isso.

Agora, estabeleça o tempo que você precisa para completar as tarefas da semana. Por ora, você já deve saber quanto tempo você gasta para completar cada tarefa. Por exemplo, eu sei que preciso de 1 ou 2 horas para completar um artigo de um website motivacional. Você deve saber quando distribuir as horas para todas as tarefas da sua lista, resumir e está pronto: você sabe quantas horas você precisa para trabalhar essa semana.

Para aumentar a qualidade do seu trabalho, programe a quantia de tempo suficiente para completar as tarefas necessárias. Por exemplo, se você precisa realizar uma pesquisa ou algum trabalho preparatório antes de completar uma tarefa específica, separe tempo suficiente para isso.

Descubra qual o horário do seu dia em que você é mais produtivo. Você é uma coruja noturna que é mais produtivo a noite ou você tem mais energia pelas manhãs? Use esse tempo para lidar com tarefas urgentes e de alta prioridade, especialmente se você não pode delegá-las a alguém. Você pode usar a fórmula na página anterior para se programar em relação as outras tarefas de acordo com a sua importância de prioridade.

Você não deve se esquecer de programar algum tempo extra para emergências e contingências. Isso inclui perturbações, interrupções e outras atividades não-planejadas; faça isso de acordo com o nível de previsibilidade de seu trabalho. Se seu trabalho é previsível, você precisa de menos tempo de contingência disponível do que se você tivesse um trabalho imprevisível.

As próximas coisas para se criar tempo são as atividades discricionárias. Essas atividades envolvem desenvolver trabalhos e objetivos. Por exemplo, se você precisa se locomover até o escritório ou casa de um cliente para entregar um trabalho. Após agendar todas as suas tarefas, analise tudo e perceba se você pode delegar ou terceirizar algumas de suas tarefas ou até mesmo usar a tecnologia para automatizar as tarefas.

Fazer um cronograma é muito importante no gerenciamento de tempo e o ajuda a planejar seu tempo de maneira organizada, o que lhe dará uma melhor ideia da quantidade de tempo que você precisa, quanto tempo você tem, e como usar o tempo que você tem criteriosamente. Isso também o ajudará a identificar tarefas que você pode eliminar de sua lista, as que você pode delegar, e as que você pode terceirizar, para que você passe mais tempo fazendo atividades nas quais você é mais produtivo.

PASSO 4: Seja organizado

Você sabia que um americano comum gastará um ano de sua vida apenas procurando por objetos perdidos ou fora do lugar? Além do mais, gastam cerca de 6 minutos todos os dias procurando por suas chaves.

Além do mais, você sabia que trabalhar em uma escrivaninha desorganizada o fará gastar cerca de 1 hora e meia todos os dias se distraindo com suas coisas; portanto, fora da vista, longe da mente e vice-versa.

Isso irá mostrar que ser organizado é muito importante se você quer gerenciar bem o seu tempo. Assim sendo, não importa o quão bom administrador de tempo você é, se suas habilidades organizacionais são deficientes, você nunca terá tempo suficiente para completar suas tarefas e atingir seus objetivos.

Aqueles 30 minutos que você desperdiça procurando por documentos contam. Além de roubar seu tempo, a desorganização é também muito dispendiosa. Poderia drasticamente afetar sua produtividade e influenciar negativamente sua saúde física e mental. Por exemplo, a maioria das pessoas simplesmente tem muita dificuldade em se concentrar em algo, se forem incapazes de encontrar algo de que realmente querem. Assim sendo, a organização é especialmente importante para ajudá-lo a permanecer no controle ao longo do dia. Aqui temos algumas pequenas dicas que o ajudarão com organização:

Utilizar um caderno de bolso para capturar pensamentos: Arranje um caderno de bolso para escrever seus pensamentos ao longo do dia enquanto trabalha. A desorganização da mente é algo muito sério que a maioria das pessoas ignoram. Isso gasta sua energia mental! Se seus pensamentos estão aqui e ali, suas ações também serão desorganizadas. Arranje um caderno e o utilize para organizar seus pensamentos diariamente.

Passar um curto tempo todos os dias organizando: 15 minutos é um tempo razoável que você deve dedicar a preparar uma lista de tarefas diárias e conseguir um sólido alcance de como o seu dia se parecerá. Fazer isso todos os dias economizará o tempo entre as tarefas, que você gastaria tentando descobrir as coisas.

Limpar a sua mesa: É comum que sua escrivaninha/ área de trabalho se desorganize enquanto você trabalha ao longo do dia. Essa desordem pode ser algo muito distrativo. Algumas vezes você pode não perceber o efeito que isso tem em você, porque frequentemente os efeitos da desordem é mental.

Sempre deixe sua escrivaninha/área de trabalho limpa, clara e vazia. Não utilize esse espaço como um lugar de armazenamento; como alternativa utilize as gavetas ou caixas como solução para armazenar seus arquivos e outros importantes materiais de trabalho. Toda manhã, antes de começar a trabalhar, limpe sua mesa.

Crie uma área de ação em sua escrivaninha: Antes de começar qualquer tarefa, limpe tudo o que você precisa para completar esse trabalho e coloque os objetos que você removeu em uma área de sua escrivaninha designada para eles. Após completar cada tarefa, livre-se dos itens relacionados a ela antes de começar um novo projeto. Isso facilitará o acesso a todos os recursos que você precisa para completar a tarefa sem interrupções.

Crie um sistema de arquivamento eficiente: Se você ainda não tem um sistema de arquivamento, crie um. Crie arquivos para todos os seus documentos e use caixas de armazenamento para suas ferramentas. Isso facilitará acessar os itens que você precisa. Se você não gosta de armazenar muito papel, você pode digitalizar seus documentos, usando o scanner e fazendo seu armazenamento em dispositivos eletrônicos.

Organização é muito importante, devote tempo para se tornar organizado. Não fazer isso pode lhe custar muito dinheiro, tempo, bem-estar, produtividade, e claro, progresso pessoal e na carreira.

PASSO 5: Acabe com a procrastinação

Como antes apresentado, 20% dos americanos são procrastinadores crônicos. Enquanto a maioria de nós adia as coisas para "mais tarde", quando você simplesmente não consegue encontrar tempo para esse "mais tarde" e fazer o que deveria ser feito, alguma ação deve ser tomada a respeito disso.

Procrastinação é um hábito prejudicial que afeta milhões de pessoas. Na verdade, graças a procrastinação, milhares de pessoas, capazes de alguma maneira, nunca alcançam sucesso. A procrastinação o afasta de atingir por completo seu verdadeiro potencial.

Para superar a procrastinação, a primeira coisa que você deve fazer é se reconhecer e se aceitar como um procrastinador. A procrastinação é algo que eu devo perceber em mim mesmo toda vez que eu faço isso. Procrastinação é simplesmente o ato de adiar coisas produtivas em que você deveria estar focado agora, para depois e ao invés disso focar em coisas que você considera mais fáceis e prazerosas.

Em vez de focar em escrever aquele importante e-mail, você opta por escrevê-lo depois, e no lugar, joga Sudoku em seu laptop, e diz a si mesmo que irá escrever o e-mail depois. Somente quando esse "depois" chega, você escreve 3 linhas e diz a si mesmo que escreverá o restante depois e parte para atividades mais agradáveis.

Esse hábito te afeta, afeta seu nível de produtividade, e mentalmente te inibe. Procrastinação é um ladrão de tempo. Entretanto, se você está decidido a colocar algum empenho em livrar-se do hábito, é muito fácil. Saiba como:

Primeiro, você deve descobri porque você está procrastinando. Seria porque você não está mais achando essa tarefa sedutora e está inconscientemente tentando evitá-la?Se esse é o caso, você deve considerar encontrar outro emprego, ou buscar outro interesse; se você não pode encontrar um novo emprego, divida essas tarefas e programe-as para coincidir com o período do dia em que você é mais produtivo para que você possa terminá-las mais rapidamente.

Uma coisa que descobri, é que as tarefas sempre parecem ser mais difíceis quando você não as está fazendo. Entretanto, quando você começa a enfrentá-las, você começa a gostar de fazê-las e fica se imaginando porque não as enfrentou antes.

Outra coisa em que se deve prestar atenção é na organização. Se seus pensamentos e seu trabalho estão em desordem, você fica mais tentado a procrastinar. Pessoas organizadas têm normalmente listas de afazeres diários e cronogramas que o ajudam a priorizar suas tarefas e evitam deixar de lado afazeres importantes.

Você também deve garantir que tem os recursos e as ferramentas necessárias para completar uma tarefa antes de realizá-la. Quando você não tem certeza de sua destreza e de seus recursos, você está mais suscetível a procrastinar. Por outro lado, se você tem tudo planejado, é menos provável que você procrastine.

Outra coisa que faz com que você evite procrastinar, é desenvolver habilidades de tomar decisões. Se você é o tipo de pessoa que acha difícil tomar decisões, você tende a procrastinar muito. Sempre identifique todos os riscos de não completar uma tarefa no tempo estipulado e mantenha isso em mente. Quanto dinheiro você perderá se falhar em completar sua tarefa? Quantos clientes perderá se não consegue cumprir prazos?

Por último, você deve aprender como recompensar a si mesmo quando completar as tarefas. Além disso, comece as tarefas sem dar muitos rodeios, tendo em mente as consequências de não completar as tarefas em tempo e recompense a si mesmo quando completar cada uma delas. Faça isso consistentemente e antes que possa perceber, você terá parado de procrastinar tanto.

Multi-tarefas: The Good, The BadandtheUgly

A maioria de nós pensa ser uma pessoa multi-tarefa. Entretanto, apenas 2% da população pode fazer diversas funções efetivamente. Você acha que se enquadra nesses 2%? Embora a maioria de nós faça muitas coisas ao mesmo tempo, você acha que isso é bom ou ruim?

A razão por trás da maioria, é que nós queremos usar como desculpa o fato de que ser multi-tarefa, é usar o tempo criteriosamente, é querer realizar duas tarefas no tempo designado para apenas uma. O que você pode de fato não saber, é que fazer muitas coisas ao mesmo tempo pode não ser tão produtivo como você imagina. Isso ás vezes, empobrece a qualidade do seu trabalho, e ás vezes, você acaba gastando mais tempo consertando o que você fez de errado do que se tivesse feito corretamente da primeira vez.

A mente humana não foi preparada para lidar com várias tarefas ao mesmo tempo. Por exemplo, imagine ter que escrever uma carta e conversar com uma pessoa ao mesmo tempo, uma das tarefas ficará sem brilho e com baixa qualidade.

Portanto, fazer muitas tarefas ao mesmo tempo, diminuirá a qualidade do seu trabalho e aumentará seus níveis de estresse. Por outro lado, quando você foca em lidar com uma tarefa de cada vez, você se concentra melhor e conquista melhores resultados.

Como parar de fazer muitas tarefas ao mesmo tempo

1- Planeje seu dia e o organize em blocos. Separe um tempo para receber ligações, responder e-mails e mensagens e outras tarefas que poderão te sobrecarregar com muitas tarefas.

2- Faça uma lista com as atividades que mais o interrompem e descubra uma maneira de administrar essas interrupções.

3- Descubra criativamente maneiras de melhorar sua concentração para que você possa focar em uma tarefa de cada vez.

4- Desligue alarmes e se possível, coloque seu celular no modo silencioso.

5- Faça pequenos intervalos enquanto trabalha para evitar se sentir sobrecarregado devido ao longo tempo que permaneceu concentrado em uma tarefa específica.

6- Aprenda a focar novamente sua atenção sempre que sua mente se distanciar da tarefa que você está executando.

É importante se lembrar que fazer muitas coisas ao mesmo tempo reduz a qualidade do seu trabalho. A ideia que fazer várias coisas ao mesmo tempo o ajuda a economizar tempo é tipicamente falsa. Você nunca mais terá que fazer várias tarefas ao mesmo tempo se priorizar adequadamente e estabelecer cronogramas para suas tarefas.

No capítulo seguinte, irei te mostrar algumas ferramentas para gerenciamento de tempo que poderão lhe ajudar efetivamente.

Ferramentas para Gerenciamento de Tempo

A internet tem diversas ferramentas para gerenciamento de tempo que você pode baixar ou comprar. Essas ferramentas o ajudarão a evitar distrações; elas também agem como uma "patrulha" do foco. Essas são algumas das melhores ferramentas de gerenciamento de tempo disponíveis:

StayFocused

StayFocused é uma extensão para baixar do Google Chrome.Ele o ajudará a limitar a visita a websites improdutivos enquanto você trabalha. Se você usa a internet para trabalhar, distrações podem surgir facilmente. Quando você faz o download dessa extensão, você bloqueia sites específicos (você pode definir esses sites) o que aumentará sua produtividade.

RescueTime

Você pode fazer o download desse aplicativo em seu Windows ou MacBook, para monitorar e gravar a quantidade de tempo que você gasta fazendo cada atividade. RescueTime te ajudará a fazer um uso criterioso de seu tempo e também o ajudará a se tornar um melhor planejador.

GridAnalysis

A inaptidão de tomar decisões rapidamente pode levar ao desperdício de tempo. Se você acha que tomar decisões é algo desafiador GridAnalysis irá te ajudar.

RemembertheMilk

RemembertheMilk te envia atualizações sobre as tarefas que você precisa executar aonde você estiver e te ajudará a administrar melhor o seu tempo.

Focus Booster

Se você tem problema em lidar com distrações ou sofre de procrastinação aguda, esse aplicativo é para você. Focus Booster é um aplicativo que ajuda a melhorar seu foco assim como controlar sua ansiedade a respeito de tempo.

Esses são apenas alguns dos aplicativos que você pode achar muito úteis para administrar seu tempo e lidar com distrações. Se nenhum deles é adequado para você, digite a seguinte sentença no Google: " ferramentas para gerenciamento de tempo + produtividade" (sem as aspas) e examine os resultados mostrados.

Conclusão

Obrigado novamente por ter adquirido esse livro.

Espero que esse livro o tenha ajudado a aumentar a qualidade e quantidade de trabalho concluído enquanto você trabalha em direção a seus objetivos.

Continue a aplicar esses princípios em sua vida enquanto você abraça novas oportunidades. Você continuará a crescer.

Finalmente, se você gostou desse livro, gostaria de te pedir um favor, se você puder, ficaria muito agradecido se você deixasse um comentário a respeito desse livro.

Obrigado e continue seu trabalho!

Parte 2

Introdução

Quero agradecê-lo e parabenizá-lo por ter baixado este livro.

Vivemos em uma época em que há muitas distrações - Facebook, e-mail e jogos online. Nós também vivemos em um mundo onde temos que fazer malabarismos com muitas coisas e fazer várias tarefas simultaneamente. Então, se você não tiver boas habilidades de gerenciamento de tempo, você pode pisar na bola. Essa bola pode ser sua carreira, seus relacionamentos, sua vida familiar ou seus estudos.

Ter poucas habilidades de gerenciamento de tempo tem vários efeitos nocivos em sua vida. Diminui a sua eficiência. Isso também acarreta no descumprimento de prazos e na má qualidade do seu trabalho. Possuir poucas habilidades de gerenciamento de tempo pode sabotar sua vida acadêmica, sua carreira e sua vida em geral.

Mas, como você sabe que você precisa melhorar suas habilidades de gerenciamento de tempo? Bem, aqui estão os sinais evidentes de que você tem um sistema de gestão de tempo deficiente:

- **Má pontualidade** - Se você chega atrasado ou perde prazos o tempo todo, isso significa que você tem um sistema de gerenciamento de tempo ruim. Quando você perde prazos o tempo todo, isso pode ser um indício de que você não consegue atribuir o tempo correto para cada atividade ou que está aceitando muitas tarefas. Também pode ser um sinal de que você é facilmente afetado por distrações. Também pode significar que você não tem foco.

- **Trabalho apressado e mal feito** - A sobrecarga inevitavelmente leva a uma má produção de trabalho. Assim, se você se encontra sobrecarregado o tempo todo, é um indício de que você tem poucas habilidades de gerenciamento de tempo.

- **Você está estagnado** - Se você sente que sua vida não está progredindo, então talvez você precise de ajuda para melhorar suas habilidades de gerenciamento de tempo.

Este livro contém dicas fáceis de serem seguidas que o ajudarão a gerenciar bem o seu tempo. Neste livro, você vai aprender:

- Os princípios básicos de gestão do tempo
- Mais de 100 dicas de gestão de tempo
- Dicas para o estabelecimento de metas
- Como criar uma rotina matinal consistente
- Como evitar procrastinação e distrações

Se você tem poucas habilidades de gerenciamento de tempo, significa que você está constantemente buscando o seu caminho. Isto faz diminuir os seus níveis de energia e a sua motivação. Este livro irá ajudá-lo a gerenciar o seu tempo e a se concentrar nas coisas que realmente importam. Este livro irá ajudá-lo a realizar muitas coisas em um curto período de tempo. Este livro irá ajudá-lo a aumentar a sua produtividade e eficiência. Este livro também o ajudará a alcançar o sucesso em todas as áreas da sua vida através da gestão do tempo.

Obrigado novamente por baixar este livro, eu espero que você goste!

Capítulo 1: As maravilhas do gerenciamento de tempo

O tempo é um recurso limitado. Então, se você quer ter uma vida grandiosa e gratificante, é crucial aprender a gerenciar seu tempo. A gestão do tempo tem muitos benefícios, incluindo:

Reduz o stress

A sobrecarga e a falta de prazos podem aumentar os seus níveis de stress. Deste modo, para reduzir o stress, é aconselhável administrar o seu tempo. O gerenciamento de tempo permite que você tenha controle sobre como você gasta o seu tempo para que não tenha que correr de uma tarefa para outra ou de um lugar para outro. Também lhe permite incorporar atividades relaxantes na sua agenda diária.

Permite você fazer mais

A gestão do tempo permite que você use seu tempo de forma eficiente. Isso possibilita que você gerencie melhor a sua carga de trabalho para que você possa fazer mais em pouco tempo.

Reduz revisões e retrabalhos

Ser organizado conduz a menos erros e retrabalhos. Quando você fica sobrecarregado, você provavelmente acaba se esquecendo de detalhes, itens e instruções. Isso pode te levar a um trabalho extra. Assim, a fim de evitar ter que fazer as coisas novamente, é importante organizar seu tempo e sua agenda.

Você terá menos tempo perdido

As pessoas perdem muito tempo em atividades ociosas, como navegar na internet ou espiar nas redes sociais. A gestão do tempo te ajuda a gerenciar estas distrações possibilitando dedicar os seus dias a tarefas mais produtivas.

Te ajuda a alcançar os seus objetivos

Todos nós precisamos realizar algo diariamente. Então, se você tem objetivos a alcançar, seria uma boa ideia tentar o gerenciamento de tempo.

A gestão do tempo te ajuda a se concentrar em atividades que o ajudarão a alcançar os seus objetivos de vida. Ela ajuda você a direcionar sua energia para as coisas que realmente importam.

Te ajuda a se sentir mais feliz e saudável

Uma boa estratégia de gestão de tempo pode ajudá-lo a viver um estilo de vida mais saudável. Permite-lhe dormir bem e proporciona tempo para se exercitar. Também é menos provável que você se envolva em hábitos ruins, como compulsão alimentar e abuso de álcool, se tiver um bom sistema de gerenciamento de tempo em prática.

Te tornará mais flexível e espontâneo

A gestão do tempo pode torná-lo mais espontâneo e flexível, pois lhe proporciona tempo extra para assumir atividades inusitadas. Assim, você terá tempo para ajudar os amigos em um projeto de caridade ou aceitar um almoço com um velho amigo.

Evita problemas

Você tem uma tendência a criar seus próprios problemas? Quer se trate de uma tarefa esquecida ou de um prazo perdido, não gerenciar o seu tempo torna sua vida mais complicada. Assim, para evitar potenciais problemas, é imprescindível criar um sistema de gestão de tempo eficaz que lhe permita administrar o seu tempo de maneira mais eficiente.

Fortalece o seu carácter

A gestão do tempo fortalece o seu carácter. Melhora a sua disciplina e autocontrole. Permite-lhe evitar distrações e concentrar-se em tarefas mais importantes e coisas que realmente importam.

Eleva a sua moral e autoconfiança

Gerenciar o seu tempo lhe dá uma forte sensação de controle sobre a sua vida. Também lhe proporciona uma sensação intensa de realização com o aumento da sua confiança e autoestima.

Aumenta a sua energia

A gestão do tempo ajuda a prevenir o surgimento e acúmulo de sentimentos e emoções que podem te deixar esgotado, tais como o estresse e a ansiedade. Quando você gerencia bem o seu tempo, você passa menos tempo se preocupando e acaba ganhando mais energia fazendo as coisas que você ama. Ao mesmo tempo, melhora a sua paz de espírito.

Torna a sua vida mais fácil

A gestão do tempo torna a sua vida mais fácil e permite-lhe concentrar o seu tempo nas coisas que são mais importantes.

A gestão do tempo reduz a sua frustração e lhe proporciona paz de espírito. Reduz os seus níveis de stress e lhe fornece uma forte sensação de realização. Ela te ajuda a administrar o seu tempo e a sua vida.

Capítulo 2: Defina seus objetivos

A primeira coisa que você precisa fazer para gerenciar o seu tempo é definir os seus objetivos. Os objetivos permitem que você priorize as coisas que importam para você. Os objetivos lhe dão um forte senso de propósito e também permitem que você concentre sua energia nas coisas que realmente importam. Eles possibilitam que você separe as tarefas importantes daquelas que não são tão importantes.

Mas, antes de estabelecer seus objetivos, você deve definir as coisas que são importantes para você. Você precisa olhar dentro de si mesmo e determinar seus valores e seus desejos. Leve um tempo para pensar o que é que você realmente quer nesta vida. Você quer ser um homem de negócios bem-sucedido? Você quer proporcionar uma boa vida para a sua família? Você quer viajar ao redor do mundo? Você quer criar bons filhos? Quer escrever um livro best-seller? Você quer ganhar pelo menos um milhão de dólares por ano? Você quer ter um desempenho acadêmico excelente?

Então, depois de determinar o propósito de sua vida, você precisará estabelecer objetivos. Aqui estão algumas dicas que você pode usar na definição de seus objetivos:

1. Estabeleçaobjetivos que estejam alinhados com o seu desejo e propósito.

2. Certifique-se de estabelecer objetivos para várias áreasda sua vida, incluindo finanças, carreira, educação, desenvolvimento pessoal e relacionamentos.

3. Estabeleça objetivos que sejam específicos, mensuráveis, alcançáveis, relevantes e com prazos definidos. É muito bom estabelecer metas ambiciosas, mas também é importante certificar-se de que essas metas sejam alcançáveis.

4.Estabeleça objetivos que motivem e inspirem você a agir.

5.Escreva suas metas. Metas não escritas não têm poder. Escrever seus objetivos em um pedaço de papel irá forçá-lo a tomar medidas para transformar seus sonhos em realidade.

6. Concentre-se em atividades que o ajudem a alcançar seus objetivos. Esta é a maneira pela qual o estabelecimento de metas pode ajudá-lo a gerenciar seu tempo. Por exemplo, se o seu objetivo é viajar pela Europa e você precisa de cerca de R$11000,00 para fazer isso, você precisará se concentrar em atividades que lhe permitirão levantar essa quantia. Por isso, em vez de se divertir com os seus amigos, você terá que ocupar a sua agenda com oportunidades de fazer dinheiro para pagar por essa viagem.

Aqui está uma tabela que pode ajudá-lo a fazer isso:

Objetivo: Obter R$10.000 em dinheiro extra para viajar para a Europa	
Atividades	**Plano**
Trabalho regular 8-17h	Você deve manter essa atividade ou trabalho, pois isso o ajudará a levantar

	dinheiro para sua viagem.
Reunir-se com um potencial parceiro de negócios.	Você deve manter esta atividade como uma nova oportunidade de negócio que também pode ajudá-lo a ganhar mais dinheiro para a viagem.
Sair com os amigos	Você deve eliminar esta atividade, pois isso não o ajudará a alcançar seu objetivo. Além disso, se trata de uma despesa adicional.

Obviamente, a tabela acima é apenas um exemplo. Mas, esta tabela pode guiá-lo na escolha das atividades a serem mantidas e nas atividades a serem descartadas. Lembre-se que você só tem 24 horas por dia. Seu tempo é limitado, por isso é importante gastá-lo em atividades que realmente importam.

7. Acompanhe seus objetivos

Em meio a tantas distrações, é fácil desviar-se e perder de vista os seus objetivos. Assim, para atingir seus objetivos e gerenciar seu tempo de forma eficaz, é importante rastreá-los. Você pode fazer isso usando aplicativos de gerenciamento de metas como o Goalsontrack, Nozbe, LifeTick e Strides.

Steven Covey, o autor de Os 7 Hábitos de Pessoas Altamente Eficazes, diz que você tem que "começar com o objetivo em mente". Lembre-se de que o tempo é um recurso limitado, então você terá que gastá-lo em coisas que são importantes para você. Portanto, reserve um tempo para definir seus objetivos de vida e preencha seus dias com atividades e tarefas que o ajudarão a alcançar esses objetivos.

Capítulo 3: Pare de procrastinar

Procrastinação é um mau hábito que pode potencialmente destruir a sua vida. Pode destruir a sua carreira e pode potencialmente prejudicar os seus relacionamentos. A procrastinação pode levar a uma série de consequências negativas, tais como:

- Saturação de trabalho
- Produção de trabalho insatisfatório
- Stress e ansiedade

Abaixo estão algumas dicas que podem ajudá-lo a deixar de lado a procrastinação e focar nas coisas que realmente importam:

1. Comece o seu trabalho durante os primeiros cinco minutos do seu horário de expediente.

   Muitos de nós começamos o nosso dia acessando o Facebook, Twitter e notícias de entretenimento. Isso é um grande erro, pois você pode acabar perdendo pelo menos uma hora do seu precioso tempo navegando em sites de redes sociais. Então, para produzir mais, é importante começar a trabalhar dentro de cinco minutos do seu tempo dentro do seu ambiente de trabalho.

2. Deixar de lado o perfeccionismo.

Para evitar a procrastinação, você deve deixar o perfeccionismo de lado e aprender a aceitar a imperfeição. Em vez de visar a perfeição, basta se esforçar para dar sempre o seu melhor. Não evite uma tarefa só porque você está com medo de que você não pode executá-la com perfeição. Lembre-se que fazer algo (mesmo que não seja perfeito) é muito melhor do que não fazer nada.

3. Bloqueie as distrações.

A fim de eliminar a procrastinação e gerenciar o seu tempo de forma eficaz, você deve remover todas as distrações, seguindo estas dicas:

- Leia e responda e-mails apenas duas vezes por dia. Os e-mails podem distrair e tomar muito do seu tempo. Assim, para gerenciar o seu tempo de forma mais eficaz, você deve respondê-los apenas duas vezes por dia. Você pode, por exemplo, verificar seu e-mail às 9:00 da manhã e, em seguida, às 14:00 da tarde.

- Desligue as notificações do seu smartphone. Estudos mostram que em média uma pessoa verifica seu smartphone mais de cem vezes por dia. Isso é muito tempo! Então, se você quiser produzir mais, recomenda-se desligar as notificações do seu smartphone.
- Bloqueie os sites de redes sociais enquanto você está trabalhando. Você pode usar os seguintes aplicativos:

FocusWriter- Este aplicativo é indicado para pessoas que escrevem artigos, livros e relatórios regularmente. Este aplicativo ajuda você a criar um ambiente de escrita livre de distrações. Ele bloqueia literalmente tudo, exceto as palavras que você está digitando. O aplicativo também vem com recursos de editor de texto, como contagem de palavras e corretor ortográfico.

Freedom- Se você não precisa da internet para trabalhar, este é o melhor aplicativo para você. Freedom permite que você evite que seu computador se conecte à internet por até 8 horas por dia.

Concentrate - O Concentrate é um aplicativo que ajuda você a se concentrar em uma tarefa de cada vez.

SelfControl - Este aplicativo permite que você bloqueie sites que o distraem, como Facebook, Twitter ou Instagram, por um período de tempo específico.

StayFocusd - Este aplicativo permite que você defina um período específico de tempo para entrar em mídias sociais e outros sites de entretenimento. Este aplicativo permite que você controle seu uso de mídias sociais.

4. Conclua tarefas fáceis imediatamente.

Se levar menos de cinco minutos para concluir uma tarefa, faça-a imediatamente.

5. Mantenha seu escritório e seu espaço de trabalho organizados.

Pode ser difícil para você começar a trabalhar se o seu espaço de trabalho está desorganizado. A bagunça é uma distração visual que pode afetar sua eficiência e produtividade. Assim, para realizar o seu trabalho e gerenciar o seu tempo de forma eficaz, você deve manter seu local de trabalho e a sua casa livres da desordem.

- Limpe sua casa ou escritório e se livre de coisas que você não precisa mais.
- Armazene todos os seus documentos em caixas ou armários.
- Organize o seu sistema de arquivos por cores. Você pode usar laranja para arquivos pessoais, vermelho para arquivos médicos, azul para arquivos financeiros e assim por diante.
- Use um etiquetador e rotule seus arquivos, caixas e gavetas.
- Mantenha os itens similares juntos. Desta forma, será mais fácil e rápido encontrar as coisas quando precisar delas.
- Coloque apenas cinco itens em sua mesa - os mais essenciais
- Esconda cabos de energia
- Use organizadores de arquivos e gavetas.
- Mantenha a lixeira próxima da sua mesa. Dessa forma, será mais fácil para

você descartar papéis ou coisas que não precisa mais.

6. Preocupe-se menos com o que as pessoas pensam.

Preocupar-se com o que as outras pessoas pensam pode tomar muito do seu tempo. Isso também pode impedir que você dê o primeiro passo. Portanto, apenas dê o seu melhor e se preocupe menos com o que as outras pessoas pensam a seu respeito.

7. Tome uma ducha.

Um banho rápido pode te refrescar, e pode colocá-lo no clima para trabalhar em uma tarefa.

Lembre-se: A procrastinação pode arruinar seu dia de trabalho, sua reputação e sua carreira. Ela também pode aumentar o seu nível de estresse e pode até mesmo te levar a vários problemas, incluindo problemas cardiovasculares. Portanto, para fazer algo, apenas tome a iniciativa e faça!

Capítulo 4: Planeje sua semana

Para aumentar a sua produtividade, você deve planejar a sua semana com antecedência. Planejar sua semana aumenta a sua produtividade e eficiência. Isso evita que você se esqueça de algo. E além disso, também reduz os seus níveis de estresse e permite que você gerencie seu tempo de maneira mais eficiente.

Revise suas metas de vida

Antes de começar a criar a sua agenda semanal, é necessário rever os seus objetivos de vida. Isso permitirá que você concentre sua energia e tempo em coisas que realmente importam para você. Se, por exemplo, o seu sonho é se tornar um empreendedor bem-sucedido, você deverá preencher a sua semana com reuniões, atividades, tarefas e oportunidades de aprendizagem que poderão ajudá-lo a alcançar este objetivo.

Liste todas as tarefas que você precisa fazer durante a semana

Antes de criar o cronograma, é necessário listar todos os itens de atividades necessários para a semana seguinte. Isso inclui tarefas, atribuições, atividades, tempo para a família e tempo para si. Apenas liste todas as coisas que você precisa fazer durante a semana.

Priorize suas tarefas utilizando o Quadrante de Gerenciamento de Tempo

Depois de listar todas as tarefas e projetos que você precisa realizar, você deverá rever cada item e priorizar os que são urgentes e importantes.

Analise cada tarefa e determine se elas são urgentes, importantes ou ambas. Tarefas importantes são as atividades que te ajudam a alcançar os seus objetivos. As atividades urgentes, por outro lado, são aquelas que exigem atenção imediata. Essas atividades geralmente estão ligadas a outra pessoa como um chefe, por exemplo.

Para classificar e priorizar suas tarefas para a semana, use os 4 quadrantes de Stephen Covey para gerenciar o tempo conforme apresentado abaixo:

Quadrante I Importante e Urgente Exemplos: Crises Projetos com prazos de entrega Emergências médicas Revisões de última hora e retrabalho não programado Decisões imediatas	Quadrante II Importante mas não Urgente Exemplos: Atividades de construção de relacionamentos Tarefas relacionadas com o desenvolvimento pessoal Exercitar-se e cuidar de si mesmo Capacitação Preparação Encontrar o parceiro adequado
Quadrante III Não Importante mas Urgente	Quadrante IV Não Importante e Não Urgente

Exemplos:	Exemplos:
Interrupções Reuniões Reuniões, chamadas e e-mails sem importância Relatórios desnecessários	Ligações telefônicas irrelevantes Trivialidades Jogos Online Tempo excessivo de TV e internet Facebook, Twitter e Instagram Fofocas e outros desperdícios de tempo Capturar Pokémon!

As tarefas no primeiro quadrante são tarefas importantes que requerem atenção imediata. Isso significa que você deve priorizar essas tarefas. As tarefas no segundo quadrante são itens que são importantes, mas não requerem ação imediata. Essas tarefas são frequentemente usadas para estratégias de longo prazo. Assim, você pode simplesmente dividir essas tarefas ao longo da semana. Uma dica é fazer uma ou duas dessas tarefas por dia.

As tarefas no terceiro quadrante são meramente distrações. Para aumentar sua produtividade, uma boa ideia é simplesmente reduzir essas atividades. Se você não puder evitar totalmente essas atividades, recomenda-se contratar um assistente que possa fazer relatórios, responder e-mails e chamadas sem importância para você.

As atividades no quarto quadrante não têm nenhum valor, então você não deve inclui-las em sua lista de atividades semanais e diárias.

Criando a sua lista diária de tarefas

Agora que você identificou suas prioridades, é hora de criar a sua lista diária de tarefas. Reserve seus finais de semana para tarefas importantes como desenvolvimento de relacionamentos e desenvolvimento pessoal. Em suma, você tem que reservar seus finais de semana para si mesmo e para sua família.

Então, distribua todas as demais tarefas em sua lista diária de tarefas, considerando sua importância e prazos. Abaixo estão alguns pontos que devem ser lembrados ao criar a sua lista:

1. Mantenha-a simples. É importante listar apenas três a cinco itens em sua lista diária de tarefas. Algumas pessoas bem-sucedidas até mesmo colocam apenas um item em suas listas.

2. Faça a tarefa mais importante e mais difícil. Desta forma, você vai sentir um forte senso de realização, mesmo que você não tenha feito mais nada durante o dia.

3. Inclua atividades que o ajudarão a alcançar seus objetivos de longo prazo, como pesquisas e outras atividades que podem potencialmente promover o seu desenvolvimento pessoal.

4. Use as seções. É importante separar as tarefas pessoais das tarefas de trabalho.

5. Organize a sua lista de acordo com a ordem cronológica. Assim, por exemplo, se você precisa terminar um relatório até as 9h da manhã, então você deve colocar essa tarefa no topo da sua lista.

6. Atribua estimativas de tempo para cada tarefa. Isso permitirá que você gerencie seu tempo de forma mais eficiente e determine quantas tarefas você pode encaixar em um dia.

7. Certifique-se de agendar também os intervalos. Sua produtividade e eficiência sofrerão se você não fizer pausas. Portanto, é importante adicionar um tempo de pausa no seu horário diário.

8. Reavalie as tarefas que tem adiado e incorpore-as na sua lista semanal e diária de "coisas a fazer".

9. Mantenha de uma a duas horas do seu dia em aberto. Isso lhe permitirá acomodar emergências e tarefas não planejadas que são importantes.

Você pode criar a sua agenda diária e semanal em uma agenda, um caderno, um calendário, ou pode colocá-la em seu celular. Você também pode usar uma planilha do Excel para criar uma programação semanal e diária detalhada. Além disso, é importante fazer isso todos os domingos à noite. Isso permitirá que você use sua manhã de segunda-feira para tarefas mais importantes relacionadas ao trabalho.

Lembre-se que quando você falha em planejar, você pode estar planejando falhar. Portanto, a fim de gerenciar o seu tempo de forma eficaz e aumentar tanto a sua produtividade no trabalho como a sua satisfação pessoal, é necessário planejar com antecedência o seu horário semanal e diário. Se você se interessar pelo planejamento de longo prazo, também recomenda-se planejar seu mês e ano com antecedência.

Capítulo 5: Crie uma Rotina Matinal Sólida

Uma sólida rotina matinal ajuda a aumentar o seu bem-estar físico e mental. Aumenta a sua produtividade e define o ritmo do dia. Ela também te ajuda a tirar mais proveito do seu dia.

Abaixo estão algumas coisas que você deve fazer durante os primeiros 60 minutos do seu dia:

1. Acorde às 5:00 da manhã.

Esta dica pode fazer seus olhos virarem, mas faz sentido. Na verdade, as pessoas mais bem-sucedidas no mundo todo são membros do clube das 5:00 da manhã. Acordar cedo permite que você faça mais. Te ajuda a ter mais sucesso e aumenta a sua produtividade. Os psicólogos também dizem que os "madrugadores" geralmente têm traços saudáveis, como o otimismo, consciência e satisfação.

2. Beba um copo de água.

Beber um copo de água logo após acordar ajuda a iniciar o seu metabolismo. Ele também reidrata o seu corpo.

3. Faça um exercício por sete minutos.
Muitos especialistas dizem que o exercício aumenta a sua produtividade e pode ajudá-lo a fazer mais coisas. Isso se deve principalmente ao fato de que o exercício aumenta sua energia e estado de alerta. Também melhora a sua saúde mental e a sua função cognitiva.

4. Tome uma ducha fria.
Uma ducha fria te ajuda a se manterdesperto. Refresca e limpa o seu corpo e também te faz sentir se bem.

5. Vista-se.

6. Tome um café da manhã saudável e escove os dentes.

7. Medite por cerca de 5 minutos. A meditação pode ajudá-lo de muitas maneiras, ajuda a melhorar o seu foco, concentração e força mental. Então, de certa forma, ela te ajuda a completar suas tarefas e gerenciar seu tempo. Ela melhora o seu pensamento criativo e as suas capacidades de resolução de problemas. Também o ajuda a controlar o TDAH e outros problemas relacionados à saúdemental. Se você é

uma pessoa religiosa, você também pode reservar de 1 a 2 minutos para uma oração.

8. Se você tem um diário de gratidão, você também pode passar cerca de 5 minutos escrevendo todas as coisas pelas quais você é grato. Esta atividade melhora o seu otimismo, entusiasmo e motivação, ajudando-o a melhorar a sua eficiência e produtividade.

9. Reveja a sua lista de tarefas. Como mencionado anteriormente, você precisa criar sua programação semanal e diária todos os domingos à noite. Mas, antes de sair de casa, é importante rever a sua lista de tarefas. Remova as coisas que você não precisa mais fazer e adicione itens que você pode ter perdido.

10. Saia de casa pelo menos uma hora antes do seu primeiro compromisso ou trabalho. Isso lhe dará uma pequena margem para imprevistos, como o trânsito, por exemplo.

Ter uma rotina matinal sólida é uma maneira surpreendente de começar o seu dia. Ela lhe dá tempo para pensar e torna mais fácil começar o seu trabalhocom mais foco. Além disso, ela te ajuda a gerenciar o seu tempo de maneira mais eficaz e a produzir mais.

Capítulo 6: 100 dicas de gerenciamento de tempo

Além das dicas de gerenciamento de tempo mencionadas nos capítulos anteriores, serão apresentadas outras 100 dicas que poderão ajudá-lo a gerenciar seu tempo e aumentar a sua produtividade:

1. Aprenda a dizer "não". Se você disser sim para tudo, você ficará sobrecarregado aos poucos e isso poderá afetar negativamente a sua produtividade e eficiência. Portanto, se há mais de um trabalho em sua mesa, diga "não" educadamente.

2. Minimize as reclamações. Reclamar não é nada além de uma perda de tempo e energia.

3. Monitore o seu tempo. De vez em quando, avalie para onde você está alocando o seu tempo. Quando você estiver fazendo isso, é importante ser honesto. Se você passa 24 horas por semana assistindo TV, você terá que reconhecer isso. Lembre-se que você não pode resolver um problema se você não reconhecer que ele existe.

Você pode rastrear seu tempo usando uma simples planilha do Excel ou pode usar aplicativos como Toggl, Hours, Overhour, Paydirt e Timely.

4. Use seu tempo apenas em coisas, pessoas e tarefas que valham a pena.

5. Durma pelo menos 8 horas por dia. Ter uma noite de sono suficiente aumentará a sua eficiência e lhe possibilitará gerenciar o seu tempo de forma mais eficaz.

6. Se você estiver usando redes sociais para negócios, agende seu horário delogin e evite visitar o perfil de outras pessoas ou realizar outras atividades que não estão relacionadas ao trabalho.

7. Faça ajustes de acordo com os resultados do seu monitoramento de tempo. Se você está passando mais de 25 horas por semana assistindo televisão, então você precisa fazer algo a respeito.

8. Quem está sugando o seu tempo? Certifique-se de evitar vampiros de energia que drenam a sua energia e o seu tempo, reclamando sobre sua situação ou te criticando.

9. Todos nós precisamos de um pouco de tempo para o descanso, por isso é importante dar uma pausa entre as tarefas e projetos.

10. Separe pelo menos trinta minutos por dia para rever seus planos de longo prazo ou para fazer atividades que estão relacionadas a eles. Desta forma, você não perde de vista os seus objetivos de longo prazo.

11. Antes de cada telefonema, planeje como será o desenrolar da conversa. Deste modo, você evitará passar uma hora ao telefone.

12. Estabeleça metas de curto e longo prazo.

13. Tente adicionar um tempo de reserva na sua agenda ou calendário.

14.Cancele a assinatura de sites que enviam spam ou e-mails inúteis.

15.Gerencie seus e-mails e classifique-os de acordo com a importância.

16. Separe pelo menos 30 minutos por dia só para refletir. Pessoas de sucesso como ElonMusk e Bill Gates fazem isso.

17. Leia um bom livro pelo menos uma vez por semana. O conhecimento pode ajudar a aumentar a sua produtividade e eficiência. Ele também pode ajudá-lo a gerenciar o seu tempo a longo prazo.

18. Antes de participar de uma reunião. Pergunte-se: "Preciso mesmo estar nesta reunião?". Se a resposta for não, não tenha medo de não comparecer.

19. Peça aos seus colegas de trabalho para não incluí-lo em cópias de e-mails se não for necessário.

20. Aprenda a delegar tarefas. Se alguém pode fazer isso por você, então deixe-o fazê-lo.

21. Tente finalizar tarefas importantes rapidamente. Isto irá aumentar a sua eficiência e motivação.

22. Revise seus trabalhos. Isto poderá lhe poupar tempo ao evitar o retrabalho.

23. Procure não trabalhar mais de quarenta horas por semana. Trabalhar muito pode sugar as suas energias, podendo levá-lo à fadiga. Para gerenciar de maneira eficaz o seu tempo e aumentar

a sua produtividade, procure não trabalhar mais de 8 horas por dia.

24. Programe seus dias de férias com antecedência. Tirar férias de vez em quando irá energizá-lo e aumentar a sua motivação.

25. Esteja atento ao modo como você gasta seu tempo. Procure verificar constantemente quantos minutos ou horas você gasta em tarefas específicas.

26. Coma alimentos saudáveis. Comer alimentos saudáveis ajuda a aumentar os seus níveis de energia. Se você optar por alimentos industrializados o tempo todo, vai acabar se sentindo lento e cansado o tempo todo.

27. Beba mais água. Beber pelo menos oito copos de água por dia aumenta a sua energia e também o ajuda a pensar de maneira mais clara.

28. Tire uma soneca. Se você tiver a possibilidade, procure tirar pequenos cochilos. Isso poderá ser um diferencial em sua produtividade.

29. Faça mais pausas. As pausas ajudam a renovar a sua energia.

30. Desacelere. Apressar as coisas só irá resultar em mais trabalho, considere relaxarde vez em quando.

31. Concentre-se em uma tarefa de cada vez. Ao contrário do que muitos dizem, ser multitarefa pode torná-lo mais ineficiente.

32. Sincronize todos os seus calendários e certifique-se de que eles tenham o mesmo conteúdo. Além disso, ter muitos calendários pode causar confusão, então tente usar apenas um.

33. Invista tempo em atividadesantiestresse como yoga ou meditação. Essas atividades podem te ajudar a eliminar a sua ansiedade e estresse e ajudar a melhorar seu foco.

34. Faça uma imersão para realizar as tarefas desagradáveis.

35. Apenas faça as tarefas importantes, não importa quão difícil ou desconfortável elas possam ser.

36. Desligue o seu celular ou coloque-o em modo silencioso se você estiver fazendo uma tarefa importante ou com o prazo a vencer.

37. Valorize o seu tempo, para que outras pessoas também valorizem.

38. Equilibre suas tarefas inserindo tarefas mais fáceis entre as tarefas difíceis.

39. Tente automatizar tarefas repetidas, como o envio de e-mails de marketing, por exemplo.

40. Em vez de escrever um e-mail, tente ligar para a pessoa que você precisa contatar. Isto lhe poupará muito tempo e esforço.

41. Cuide da sua saúde. Você não pode administrar bem o seu tempo se estiver doente o tempo todo.

42. Separe um tempo para sentar e sonhar. Esta atividade é relaxante. E além disso, também o mantém conectado com seus desejos e sonhos mais profundos.

43. Seus entes queridos devem ser sua prioridade máxima. Você pode encontrar outro trabalho, mas você não pode encontrar outra família.

44. Concentre-se no que você pode controlar. Não se preocupe com coisas que você não pode controlar.

45. Mantenha seus níveis de energia elevados fazendo exercícios regularmente ou tomando uma boa xícara de café.

46. Tudo o que você faz deve ter um propósito.

47. Elimine todos os seus recados e deveres de uma só vez. Isto lhe poupará tempo e energia.

48. Use um cronômetro para administrar o seu próprio tempo. Desta forma, você saberá quanto tempo você normalmente gasta em uma determinada tarefa.

49. Não doe o seu tempo facilmente. Se um colega de trabalho lhe dizer que tem alguma fofoca que deseja compartilhar, diga educadamente que você tem que cumprir um prazo e que, infelizmente, não tem tempo para falar.

50. Potencialize o seu tempo de locomoção ou de viagem ouvindo CDs e MP3s motivacionais e de autoajuda.

51. Mantenha um relógio sempre por perto. Isso permitirá que você acompanhe facilmente a hora.

52. Filtre suas chamadas recebidas e aceite apenas as mais importantes.

53. Evite usar mensagens de texto, pois isso pode levar muito tempo. Em vez disso, tente telefonar.

54. Deixe claro aos seus colegas e clientes sobre o seu método de comunicação preferido.

55. Evite atender chamadas não programadas, especialmente se tiver uma tarefa importante em mãos. Por outro lado, se você estiver livre, então não há problema nenhum em atender uma chamada de um velho amigo ou ex-colega de trabalho.

56. Dê instruções detalhadas às pessoas. Deste modo, elas não precisarão entrar em contato ou ligar novamente para você.

57. Use números de discagem rápida.

58. Use modelos de e-mail.

59. Incentive o trabalho em equipe. Você não precisa fazer tudo.

60. Evite trabalhar em uma tarefa ou em um projeto por mais de 3 horas.

61. Prepare-se para as reuniões.

62. Administre suas reuniões. Defina uma agenda e mantenha-se fiel a ela.

63. Reavalie os processos e se esforce para fazer as coisas de forma simples e eficiente.

64. Mantenha um bloco de ideias e armazene neletodas as suas ideias.

65. Não abuse do consumo de álcool, pois isso pode afetar a sua produtividade.

66. Peça a sua conta com antecedência enquanto estiver em um restaurante. Isto pode lhe poupar alguns bons minutos.

67. Prepare suas roupas e coisas na noite anterior.

68. Aplique a regra de Pareto. Concentre seu tempo e esforço nos 20% dos clientes que fornecem 80% de sua renda.

69. Crie planos de ação para seus objetivos.

70. Não elimine e-mails importantes. Apenas mova-os para outra pasta. Você poderá precisar desses e-mails mais tarde.

71. Gerencie e controle suas conversas com seus clientes.

72. Use atalhos de teclado.

73. Use atalhos do Excel.

74. Procurenão acessar serviços de mensagens instantâneas como o Skype

durante o horário de trabalho, exceto se você precisar dele para o trabalho.

75. Trabalhe em uma sala sem distrações.

76. Coloque o telefone no modo de alto-falante para que você possa fazer outra coisa enquanto fala com o cliente.

77. Crie sempre cópias de segurança dos seus arquivos.

78. Se possível e necessário, tenha outro monitor. Isto irá ajudá-lo a gerenciar as suas tarefas e o seu tempo.

79. Arquivee organize os seus e-mails antes de sair do escritório.

80. Não acelere o seu trabalho. Se você precisa renegociar seu prazo. Então, faça isso.

81. Reduza tarefas complicadas em pequenas tarefas.

82. Não agende muitas tarefas. Isso irá sugar a sua energia.

83. Procure agrupar tarefas relacionadas.

84. Estabeleça prazos de entregas (preferencialmente mais cedo do que o prazo real).

85.Pratique o pensamento estratégico.

86.Trabalhe com inteligência, não com esforço.

87. Trate o trabalho como um hobby.

88. Vá direto ao ponto.

89. Seja confiante.

90. Diariamente diga afirmações para uma gestão de tempo eficaz. Essas afirmações ajudam a aumentar a sua produtividade, eficiência e desempenho no trabalho.

91. Revise o seu dia diariamente.

92. Seja disciplinado.

93. Pratique o autocontrole e evite distrações a qualquer custo.

94. Recompense-se.

95. Quando estiver cansado ou sem inspiração, fale com alguém que você admire.

96. Abandone todas as suas desculpas e faça o trabalho que precisa ser feito.

97. Não se sinta culpado por ignorar o seu celular.

98. Mantenha-se positivo.

99. Livre-se dos aplicativos de gerenciamento que não funcionam bem para você.

100. Você não pode fazer tudo. Então, apenas aceite e tente viver com isso. Há sempre outro dia.

Seja paciente e não se esforce demais. Se você está fazendo um bom trabalho, reserve um tempo para se recompensar e relaxar.

Conclusão

Obrigado novamente por baixar este livro! Espero que ele tenha sido capaz de ajudá-lo a melhorar a sua eficiência, produtividade e satisfação com a vida através da gestão do tempo.

Gerenciamento de tempo não é algo que você precisa fazer apenas uma vez. Para alcançar o sucesso, você deve praticar as dicas contidas neste livro de forma consistente e regular.

Por fim, se você gostou deste livro, gostaria de pedir um favor a você. Poderia fazer a gentileza de deixar uma avaliação? Será muito apreciado!

www.ingramcontent.com/pod-product-compliance
Lightning Source LLC
Chambersburg PA
CBHW071907070526
44583CB00016B/1875